ÉTAPES DE LA VIE
FRAGMENTOS DEL ALMA

Tatiana Marín

Reservados todos los derechos. No se permite la reproducción total o parcial de esta obra, ni su incorporación a un sistema informático, ni su transmisión en cualquier forma o por cualquier medio (electrónico, mecánico, fotocopia, grabación u otros) sin autorización previa y por escrito de los titulares del copyright. La infracción de dichos derechos puede constituir un delito contra la propiedad intelectual.

El contenido de esta obra es responsabilidad del autor y no refleja necesariamente las opiniones de la casa editora. Todos los textos fueron proporcionados por el autor, quien es el único responsable sobre los derechos de los mismos.

Publicado por Ibukku, LLC
www.ibukku.com
Diseño y maquetación: Diana Patricia González J.
Diseño de portada: Ángel Flores Guerra B.
Copyright © 2024 Tatiana Marín
ISBN Paperback: 978-1-68574-857-9
ISBN eBook: 978-1-68574-858-6

ÍNDICE

Sinopsis	5
CIUDAD DEL AMOR	7
UN AMOR DEL TIEMPO	8
FUSIÓN	9
CUAL TARDE DE MARZO	10
CAMINANDO SIN TI	12
TÚ, MI AMANTE AUSENTE	13
RESISTE	14
EN MÍ VIVE EL AMOR DE LA VERDADERA ODA A LA VIDA	15
INCONSISTENCIA PERPETUA DE VIVIR	16
PEDAZOS VIVIDOS	17
VACÍA EL ALMA QUE BESA LA OSCURIDAD	18
APRENDÍ	19
SIEMPRE SERÁS EL ÁGUILA QUE VOLARÁ MÁS ALTO, A DONDE EL BUITRE NO TE PUEDA TOCAR	20
EXTRAVIADA	21
COMIENZO	22

TU MIRADA	23
DE REPENTE	24
ENTRE EL SUSURRO DEL VIENTO Y LAS HOJAS CAÍDAS	25
TE LLORO ENTRE SONRISAS	26
ABRÁZAME	27

Sinopsis

Es una obra cautivadora que nos sumerge en un universo poético y reflexivo repleto de emociones profundas que nos invita a meditar sobre las diferentes etapas de la vida. Nos revela una realidad con la cual fácilmente podemos vincularnos a través de cada una de nuestras vivencias, que, a la vez, capturan las diversas facetas de la existencia del ser humano, utilizando como eje el amor, la nostalgia y la reflexión de cada ciclo que experimentamos.

CIUDAD DEL AMOR

Tema recurrente, pasión incesante del amor, himno celebratorio de ternura de tono universal, arraigado en nuestras vivencias donde se mezclan la experiencia y el ensueño, pero con un diálogo diáfano, cristalino entre ríos de sentimientos que recorren nuestros pensamientos y abrazan el corazón resultando de modo evidente la plenitud del paisaje circundante de palabras e imágenes. Jardín de yerba fresca de la mañana húmeda por el rocío, cual viento sopla y sus rayos visten las rosas como caricias tiernas donde brotan los besos parisinos. Ciudad del amor, la cual ofrece un romanticismo único, de plena convergencia. Cuerpos que se extienden en el lenguaje inmenso de la atracción.

UN AMOR DEL TIEMPO

Yo seré como la lluvia, cual viento que trae consigo se arremolinará al sentir tu alma en la mía, no existirán palabras, solo gemidos envolviéndome en tus brazos y el perfume de tu soledad se irá lejos, solo escucharás los suspiros junto a la luz de ese farol encendido, bajo la penumbra del Sena encontraremos la realidad del amor que desborda las fronteras del lenguaje de la pasión ofreciendo testimonio de las caricias en el encuentro de la inquietud que viajará sobre mi cuerpo con tus manos, los veleros pasarán y se incrustarán las imágenes en sus maderos donde no se esfumarán los elementos de la existencia poética de un amor del tiempo.

FUSIÓN

Fusión de lienzo y color, eclipse de palabras e imaginación convergen al mismo tiempo al caer la tarde, buscan un refugio estas lágrimas al abrazar mi rostro alrededor de la Torre Eiffel, metáfora de primavera y poesía, demostración tangible del amor que grito a voces que te extraño. Quiero escapar de todo este sentir, es doloroso, turbulento, pena que se extiende en la fiel perspectiva de lo que queda, la voluntad de continuar sin ti, que se siente como una utopía de una épica trayectoria por realizar de ahora en adelante, parecido al onirismo, un misterio del por qué te has ido confiere mi singular característica de amar en mi solitaria expresión que me identifica entre el mundo de la pasión y la ternura.

CUAL TARDE DE MARZO

Estoy enamorada hasta la locura, ¡qué hermoso amor! Cual tarde de marzo he escrito con mis ojos un poema en su rostro que sonreía tiernamente, nuestros cuerpos unidos se convertían en una sola alma tan sublimemente. Lo amo apasionadamente, y sentí esa reciprocidad que dibujaba en su mirada cuando me sostenía entre sus brazos y me acariciaba amarteladamente. Su amor es mío, pude escuchar su palpitar cuando me sostenía sobre su pecho y me acariciaba con sutilidad mis dorados cabellos. ¡Sí…!¡Cuánto lo amo…! Hemos descubierto que cada día que pasa no podemos estar uno sin el otro. Tantos años de espera, la primavera está llegando, y el invierno poco a poco se va alejando. Soy la flor de su desierto que ha venido cultivando en silencio, cuidándome él ha estado de una forma tan bella, mis pétalos han vuelto a resurgir, habían caído en la húmeda tierra debido a los constantes cambios de climas que han sido hostiles a través del tiempo. Ahora ya los colores brillan nuevamente y se aleja el gris de las opacas nubes que no hacían brillar mi cielo, pero ahora todo es sereno, porque estar entre sus brazos es como flotar en las aguas tranquilas del amor que parecía haberse desvanecido. No recuerdo a nadie que me mirara de la manera en que él lo hace; sus ojos son un espejo donde puedo ver reflejado ese amor silenciado de años por las dificultades de la vida, aquellas vividas, y que han desparecido para que nuestro amor florezca en el jardín maravilloso que estamos construyendo, jardín en el cual para siempre quiero permanecer.

Abro mis ojos con el primer rayo de sol de la mañana, a través de mi ventana de cristal noto que aún es invierno y no estás a mi lado, no entiendo qué sucede, creo que fue un sueño, y te sentí tan mío, tan real. El pasado quiso jugar convirtiéndose en realidad en mis sueños, fue tan extraño despertar.

CAMINANDO SIN TI

Anhelo estar entre tus brazos, los días en esta ciudad se me hacen largos y las noches se me hacen tristes caminando sin ti por los Champs-Élysées, imaginando tomados de la mano, disfrutando este hermoso lugar que tantas veces recorrimos, mis lágrimas se proyectan en mi rostro como diamantes bajo la luna. Mis pasos lentamente escapan a través de los recuerdos por esta calle parisina, e imagino tu sonrisa, tu mirada rebosante de amor. Cuán difícil ha sido todo este tiempo sin ti, una mezcla de lo tierno con pasión, un desprendimiento de ardor que junto al susurro de los árboles nos envolvían en sus maravillosos sonidos que se dejaban escuchar suavemente expandiendo al viento lo nuestro como se esparce el perfume de una flor.

TÚ, MI AMANTE AUSENTE

He leído tantas veces tus vetustas cartas en los momentos que estábamos lejos uno del otro, en ellas me expresabas sentimientos que nacían de tu alma, parece que puedo sentir tus manos en cada línea acariciando mi ser. Tan segura me siento de saber que eras el amor de mi vida. Disculpa que llore, pero es que te extraño, necesito tus caricias; tú, mi amante ausente, desespero de ti, las semanas se me hacen interminables y me es angustioso no tenerte a mi lado. Y como todo mal temporal que viene este también se irá, y tengo miedo de olvidar cuando volteábamos a mirar nuestro cielo, todo era tan bello aunada a ti. Una hermosa vida juntos se ha ido, y ahora debo enfrentar y vencer el dolor de haberte perdido. Observo una estrella en esta noche parisina y me pregunto si quizás seas tú iluminando mis pasos. Siento nostalgia, quisiera abrazarte, te pienso y pronuncio tu nombre en esta triste soledad de saber que nunca más estarás aquí.

RESISTE

Resiste... me grita la voz interior de mi alma que intenta con firmeza mantener oculta su verdadera realidad. Resiste el fuego de la leña humillada por las llamas que calcinan lentamente la frescura de lo que un día fue. Resiste la ventisca que sopla fuerte y que trata de despojarte de todo lo que construiste. Resiste porque algunos sueños se van y los añoras, pero te esperan otros que pueden embellecer el espíritu de la esperanza y recomenzar una nueva vida. Resiste, no le temas al cambio porque vivimos en una constante transformación, es la ley de este camino. Resiste, no llores por los que se han ido, pues ellos han recorrido sus senderos con sus victorias y derrotas y que a veces con el alma rota tuvieron que continuar. Resiste, aprende de ellos, porque aquellos por los que lloras también lloraron, sonrieron y cantaron. Resiste porque el tiempo corre deprisa, no se detiene. Resiste porque lo que importa es el aquí y ahora, el ayer son solo recuerdos y del mañana no sabemos. Simplemente resiste.

EN MÍ VIVE EL AMOR DE LA VERDADERA ODA A LA VIDA

Hoy deseo que mis sueños más maravillosos y bellos inunden mi alma de hermosa poesía, de bella paz, porque en mí vive el amor de la verdadera oda a la vida, ya que fui creada en este extraordinario mundo donde puedo permitirme contemplar el maravilloso espectáculo de ver el sol salir y ponerse cada día, ver las aves volando entre nubes danzantes en el horizonte que con tanta hermosura embellecen el alrededor convirtiéndose en un refugio que me inspira a escribir volcando todo lo que siento en cada experiencia, porque para mí exteriorizar lo que mi alma envuelve es sublime, y lo transmito en su más excelsa y majestuosa expresión.

INCONSISTENCIA PERPETUA DE VIVIR

Vida… viaje efímero, escenario donde danzamos entre sonrisas y lágrimas. Días de cielos grises, días en los que también el sol brilla avivando colores sorprendentes; y así entre luces y sombras viajamos hacia lo desconocido. Travesía incierta, constante metamorfosis que nos va modificando en cada etapa y hace que cada oruga que vivimos, que son los ciclos de fragilidad y desasosiego, nos transforme en una mariposa más hermosa y volemos más alto y con más pasión. Mundo ambiguo, inestabilidad perseverante cuando de repente aparece la ilusión y cuando menos lo esperas llega la desilusión que muchas veces no sabemos cómo afrontar, pero lo hacemos al final. Injusticia injustificada, algunas son recompensadas con ciclos de paz y amor. Vida inentendible, períodos en los que algunas veces perdemos el equilibrio a causa de las vicisitudes y que se nos hace difícil superar, pero que muchas veces podemos lograr recuperarnos y retomarla, porque siempre se presentarán opciones de transitar por nuevas sendas que nos brindarán nuevos comienzos aun cuando todo parece oscuridad. Vida… viaje fugaz, mundo que amo por la belleza de sus paisajes, pero aborrezco la complejidad de la inconsistencia perpetua de vivir.

PEDAZOS VIVIDOS

Melancolía, tristeza, nostalgia... pero también amor y esperanza. A través del trayecto de esta vida, nos encontramos desiertos que tenemos que afrontar con dolor y valor, se suman otros como la incomprensión de quienes esperamos más en momentos tan difíciles donde experimentamos una tempestad en nuestro interior y nos sentimos atascados entre la sombra y la claridad, es una sensación de haber caído en un abismo, y cuando estamos en ese precipicio no vemos la esperanza, pero la verdad es que sí existe, porque podemos retomar nuestras vidas recogiendo nuestros pedazos vividos con nuevos anhelos y seguir adelante.

VACÍA EL ALMA QUE BESA LA OSCURIDAD

Cálido el tiempo, pero frío mi cuerpo. Nubes danzantes observo desde mi ventana, increíbles figuras de algodón que hacen brillar mis ojos con la luz del sol. Vacía el alma que besa la oscuridad. Quieres abrazar la mía, pero no lo harás... a pesar de estar herida continúa intacta ante las sombras de la vida, de este mundo inseguro que no puedo escapar de sus crueldades, tampoco puedo escapar de mis temores los cuales a lo largo del tiempo se me han creado, pero elijo ser valiente con mis letras escribiendo todo lo que siente mi alma.

APRENDÍ

Aprendí que quien quiere aceptarte como eres que te acepte, quien no quiere aceptarte pues que no lo haga, que quien quiera enviarte luz y amor que te envíe luz y amor, eso es lo que siente, déjalo ser y sentir tal como es...No permitas que esas heridas esfumen las partes bellas que has experimentado y te aparten de quien eres realmente, busca la luz dentro ti, no desvíes el camino de tu mirada por aquellas oscuridades que han querido atraparte, porque cuando comenzamos a poner en práctica la reprogramación de nuestros pensamientos hacia los aspectos positivos de la vida, entonces sentiremos los cambios maravillosos en nosotros y en nuestro alrededor, ya que no debemos amurallar nuestros sueños, porque si son limitados, pues entonces limitados viviremos.

SIEMPRE SERÁS EL ÁGUILA QUE VOLARÁ MÁS ALTO, A DONDE EL BUITRE NO TE PUEDA TOCAR

Si un buitre se acerca a ti para tratar de devorarte porque cree que estás vulnerable, levanta tu vuelo, águila, lo que más puedas, aunque estés herida, demuéstrale que vuelas más alto a donde jamás ese buitre va a llegar. (Siempre existirán buitres en tu vida, pero tú siempre serás el águila que volará más alto, a donde el buitre no te pueda tocar). Debemos saber que no es cuestión de un día, es cuestión de todos los días hasta que nos acostumbremos a que, a pesar de las circunstancias en las que nos podemos encontrar, debemos continuar hacia adelante. Comprendiendo todo esto, entonces comenzaremos a sentirnos mejor y más seguros. Tracemos metas en nuestras vidas y procuraremos lograr llegar a ellas, porque tenemos la energía, la capacidad, el empuje y la fuerza dentro de nosotros y si fracasáramos, lo volveremos a intentar.

EXTRAVIADA

Extraviada...no recuerdo en qué momento perdí la luz que me guiaba hacia la ilusión de un destino lleno de una imaginación infante, pero sigo adelante, aunque agrietada mi alma con tantos desatinos. Extraviada en la corriente de este río que me arrastra con esta sensación de hundirme en estas profundas y oscuras aguas o quizás me lleve a la orilla, y continúe un rumbo desconocido, pero me da escalofríos. Extraviada... observo una montaña ante mis ojos que no puedo derribar y me aterra pensar que en todo lo que había creído se disipa como el viento entre mis dedos que no lo puedo sostener, y tan solo tengo que dejar fluir los mares del tiempo que enseñan que la realidad es distinta a los sueños en los que crecemos cuando niños, que podemos navegar mientras nuestra barca sea fuerte pero no cuando se vuelve frágil. Los golpes de las olas son tan insoportables porque lentamente comienza a envejecer desde su interior donde nadie aún se percata de que se va despedazando lentamente hasta que el exterior se hace notable al caer los pedazos rotos en la superficie que flotan hasta que no quede rastro de nada. Tengo miedo de esta vida en la cual crecí con sonrisas, con el abrazo de mi madre y de mi padre, con un castillo de sueños hermosos que se están convirtiendo en pesadillas... Ahora todo se resume en una pequeña cabaña en medio de la nada, y me aterra la cruda realidad de este mundo brutal lleno de realidades que me oprimen el pecho, tengo la sensación de que nacemos en una burbuja de fantasía rodeados de luces de diferentes colores y al final terminamos con el único color real de la vida.

COMIENZO

Comienzo un nuevo viaje, alejándome del frío invierno que ha tratado de azotar mi alma con furia indómita devorando la ilusión y la esperanza. Comienzo a volar a lugares desconocidos, con fuerzas renovadas y sin miedo, en los cuales experimentaré resplandecientes sensaciones desde otro ángulo de la vida donde surgirán espléndidos sueños. Comienzo otra historia hacia el futuro. Comienzo con el valor de seguir adelante, comienzo con el bello amanecer donde puedo sentir el rocío en mi piel bautizándome de flamantes esperanzas. Comienzo con lo que soy, con lo tengo. Comienzo con la intensidad del corazón y la sensibilidad de mis sentimientos, comienzo —sí— con una nueva historia donde solo ganará el amor.

TU MIRADA

Tu mirada me besa, intentas resistir, pero tu mirada recorre la mía, aquí de lejos puedo sentirte, y respiro tu aliento que el viento me facilita que llegue hasta mí. Tu mirada me abraza, es tan profunda que puedo sentir el amor impregnado en cada poro de mi piel; «engañoso es el corazón», dices tú, y yo respondo que quizás, puede ser que no siempre se puede tener lo que se desea, pero tus palabras no corresponden con lo que veo en ti porque tu mirada escribe versos en los míos que con tus manos no puedes hacer. Cada vez que me ves siento que viajo en tus ojos a otro mundo, y veo otro cielo a tu lado, un lugar donde solo existimos tú y yo. Tu mirada es imperiosa, altiva, y sublime a la vez, es un cóctel de lo que sientes que expresan que me amas pero que no puede ser. Tu mirada me busca, sonrío porque tus palabras no concuerdan con tus ojos, y lo sabes, esos ojos que me dicen que ven en mí lo que nadie más puede ver, el amor que acallo, que en silencio aguardo; que desde mis ojos brotan destellos en cada parpadeo cuando te veo, ¡no!, no es solo tu mirada, la mía también.

DE REPENTE

Un día me recordarás en la forma más bella, en el modo más sublime, recordarás mi sonrisa cuando llegabas a mi puerta, recordarás que mi forma de abrazarte nunca la encontrarás en otros brazos, que mi manera de amarte jamás la tendrás de otras personas, y cuando eso suceda entonces te darás cuenta de que un alma como la mía no es común. Hoy no notas mi excelsa forma de amar, mi manera tan sensible de ser; pero de repente un día cualquiera todo dejará de tener sentido en ti, solo rodar por la vida, tan solo todo se convertirá en una vacía existencia al convertirse en ilusiones muertas, de repente llegará el invierno estacionándose sin dejar paso a la primavera. Así... de repente te darás cuenta de que el olvido llegó.

ENTRE EL SUSURRO DEL VIENTO Y LAS HOJAS CAÍDAS

¿Por qué pides que te ame como te amé...? ¿Por qué aún debo amarte sabiendo que no fuiste lo que esperaba...? Y es que en ese momento de mi vida donde mi mundo se derrumbaba te necesité, pero no estuviste, te alejaste de mí, y quedé a la deriva en un océano de lágrimas; el dolor se multiplicó y ahora de pronto cuando pensé que ya estabas en lo profundo de mi alma llegas así de repente a mis pensamientos, pero de tan solo recordar que no estuviste ahí cuando más requería de ti, el pánico me inundó en esa corriente que me arrastraba al dolor, necesitaba de tu amor, de tu apoyo, y ahora tengo miedo de ti, no podría voltear a verte porque siempre recordaré que mientras mi ser se desvanecía entre el susurro del viento y las hojas caídas, no estuviste ahí para mí, pero he vuelto a florecer, y entre las cenizas resurgí y otra vez en tierra fértil me convertí.

TE LLORO ENTRE SONRISAS

Te lloro entre sonrisas, y nadie lo nota, mis pensamientos se escapan recordando tus lánguidos ojos y llenos de amor. Tu ausencia duele día a día. Extraño despertar y no sentir ese aroma a café, ver tu sonrisa y escuchar tu canto que armonizaban todo el entorno junto a la alegría de mi madre. Te lloro entre sonrisas, y nadie lo nota, cuando mis lágrimas desbordaban mi rostro delante de todos, algunos me sintieron tan vulnerable que trataron de burlarse de mi alma, de mi sensibilidad, y eso dolió aún más; son efigies inertes quienes se mofan de lo inerme, de la fragilidad de un corazón entristecido, por eso ahora te lloro entre sonrisas, a escondidas mi pecho grita, alma hermosa convertida en ángel que cuida de mí junto a Dios, escucho tu voz cada día que resuena en mi memoria y que como fuego me abraza y quema porque sé que nunca más volveré a verte, pero me aferro a tus recuerdos que vuelan en mi cabeza a todas horas, me pregunto cómo puedo vivir sin ti, mis suspiros son constantes, y esta guerra de controlar mi interior no cesa. Síííí… te lloro entre sonrisas y nadie lo nota, pero tengo la esperanza de estar a tu lado algún día en la eternidad.

ABRÁZAME

Abrázame con lo que tienes, no te detengas. Abrázame con tus etapas, con tu inestabilidad, con tus virtudes y defectos, abrázame con el viento, con la lluvia, abrázame con el sol que ilumina mis cabellos dorados cada mañana, abrázame con el mar, con la arena, abrázame con todo lo que te rodea, con tus altas y bajas, con las heridas y alegrías que me brindas, pero abrázame, no me sueltes, VIDA, hasta que mis lágrimas y sonrisas se desgasten con los años que me regalas en esta existencia entre regocijo y melancolía.

Tatiana Marín

Nacionalizada estadounidense, quien es amante del arte y de las letras desde muy joven, emigró a EE. UU., donde radica actualmente y se dedica a escribir.

Ha publicado varias de sus obras literarias en EE.UU. y España, traspasando fronteras en diferentes idiomas como el español, inglés y francés.

La poesía de Tatiana Marín se caracteriza por su estilo lírico y evocador. Sus versos son una combinación de delicadeza y fuerza, que fluyen con armonía y nos envuelven en una atmósfera nostálgica y reflexiva a través de su habilidad para elegir las palabras adecuadas, la autora logra transmitir emociones profundas y despertar los sentidos del lector.

La pasión y naturalidad con la que aflora los personajes en sus novelas la dotan de una caracterización muy personal, consiguiendo que los lectores empaticen con cada uno de ellos.

www.ingramcontent.com/pod-product-compliance
Lightning Source LLC
LaVergne TN
LVHW041553060526
838200LV00037B/1277